木内信胤語録

故
木内信胤先生に捧げます。

序文

「日本に居ては、日本のことは判らない」

この様に云われ始めて、四、五年が経とうとしています。

私はドイツで生まれ、イギリスで育ち、太平洋戦争が始まる直前に帰国子女の走りとして日本に到着しました。思えばその時以来、海外諸国民への思いは深く、三廻り先行する父信胤が、戦前・戦中・戦後を通して、海外諸国・諸国民に対してどの様な感慨を持って生き抜いて来たか、非常な関心を持って今日を迎えて居ります。特に横浜正金銀行から始まる七十有余年の仕事が常に一貫して海外と深く関係していたことを考えますと、九十四歳で人生を終わると十数年前から予測していた自分の終りは納得の行く終末を迎えると親しい仲間・家族に云い伝えていたこともあって、この木内信胤語録への私自身の関心は大変深う御座いました。

私の体内を流れる血は、父方の岩崎彌太郎さんと母方の福澤諭吉さんに濃く染まって居ることもあって、死を迎える十日・二週間前まで新聞に目を通し、来客とも短い会話をし続けていた父信胤の最後の遺志は、是非お親しくして戴いた皆々様にお伝えしたいと思います。
○人間は偉くても堕落するから、そのことが判っていなければならない。
○大きな時代の流れを掴む為には、政治と経済は同じものと理解し、魂に
　突きさるような知識をもつように。
○人間社会は悟りによって向上する。
○公平であると良いと決して思うな。
○物事を知るには、その根本を知る事。
○皆一緒に良くなろうと云う考えになるのが良い。

最後に父信胤から贈られて来た二文字は「忠恕」、真心と思い遣りでした。

平成二十八年十一月

次男　木内　孝

人間は偉くても、堕落するものだから、
その事が分かる様になっていなければならない。

昭和六十年十二月十二日

政治と経済は同じものなのだから、別々に論ずる事はやめた方が良い。
目先の問題は、小さな局面なので、それだけ見ていると、
大きな時代の流れはつかめない。

色々な知識を沢山集めても駄目で、魂につきささる様な、
知識を必要程度持たねばならない。

話をする時の冒頭の挨拶慣用語は「うそ」だからやらない。
つまり、東西融合文明の一例を木内個人が示している。

困っている連中は、何故自分が困っているかを理解しなければ、その解決策は見出だせない。

幾らいいものでも、その出す時期を見計らってやらねばならない。

経済を論じ、評価するのに、その基準は「成長率」しか無いのが、ヨーロッパ文明の病根である。

日本語は外国の言葉を受け入れやすいような仕組みになっており、「テニヲハ」があって、実に複雑な事が言える珍しい言葉である。

文明問題を考えていると、英語でも独語でも、永年苦しんでいたら、色々な事がフッと気がつく。この心の作用が必要である。

自得しなければならない。

人に言われただけでは駄目だ。

自分で「あー！　そうか」と気がつかなければ本物ではない。

そうならなければならないと考えるのではなく、
そうなれば良いなと思うのが理想。

人間社会は悟りによって向上する。

歴史学とは、洞察である。

分からない奴には、説明しても無理。ヒントを与える事はできる。
「完成された自分が自分なのか、
それとも、未完成の自分が自分なのか」について、
考えねばならない。
答はどちらも自分である。

昭和六十二年六月十一日

全ての物質は生命体である。

生きているということは、心があるという事である。

ということは、物質は心に他ならない。

世の中は色々神秘的なものが、沢山あるので、

うっかりと死ぬ訳にはいかない。

昭和六十二年七月九日

情報は、「人間の頭の中」にある。
文字で表現されたものは、
もう駄目だ。
その情報は「人間対人間」のぶつかり合いから生まれる。

新しい仕事は、先例のないものをつくる訳だから、
経営者が腹をくくってやるっきゃない。

昭和六十二年九月十日

十年前ぐらいから＜宗教は前世、後世がある＞と思いだした。

それが悟りである。

後世があると思わなければ、嘘である。

霊魂がどこかへ行くと思っていては、

生きていられるものか。

二十一世紀の文明は、科学と宗教が融合してできる、

新しい文明であろうと、考えている。

今迄は、経済評論や政治評論をやってきたが、
それを今後してゆくのに宗教が絶対必要であり、
宗教がないと理解できない。
究極のところ、お前はどう思うんだ。
というものが宗教である。

願っていると、ものは自然に開けてくる。
全部他動的に世の中は動いている。

私の哲学は、為替相場も考えるし、この様な話もする事だ。
それが私の宗教的立場である。

仏教哲理、言葉にこだわると、悟りは得られない。
悟りは言葉で表現できない。

昭和六十二年十二月十日

人は忙がないこと。

計画をたてないこと。

世の中に公平という事は有り得ない。

全て物事は、実践により確かめられるものだ。

大理想を掲げればそれで良い。
五ヶ年とか三ヶ年とかの計画をたてると、
急ぐ心が出て駄目である。
目先の問題を片づけてゆけば、自然と良くなる。

昭和六十三年二月十八日

全体がよいとみれば、部分が悪くても、
その部分は悪いことが良いのである。

新しい文明の登場、自覚している人は、
より楽しいだけで、
無自覚の人も進んで行く。

昭和六十三年三月十七日

直間比率の議論の眼目は、知って払うが良いか、
知らずに払うが良いかである。

不況になったら、
法人税を減税するという考えでゆくべきである。

公平であると良いと思ってしまう事が悪い。

昭和六十三年六月九日

輸出が伸びる事は、
日本の発展につながらない事を覚えると良い。

特許は、世界的視点からみると、
無くした方が良い。

結論が出る迄考え抜く。
何でも私は答が言える。

仏教哲理

何もかも同時に考え、同時に解決しなければいけない。
そこ迄、考え抜かなければならないと思っている。
あらゆる事で、結論を出さないと承知できない。

現代の風潮は、
わざわざ分かり難く言う様になっている。

物事を知るには、その根本の事を知れば存外やさしいものである。

決断は辛いものであり、
決断するのは早ければ早い程良い。
決断は瞬間にするものであり、
頭はその様に使うものである。
決断する時は、
一番悪い結果を見据えれば可能となり、
見据えて分かる為には、
知恵の積み重ねが必要である。
それは仏教で言う悟りである。

昭和六十三年六月九日

幾ら学んだところで、　もの　になるものかね。
学んで考えなければならない。

昭和六十三年九月八日

人生に於いて、正しい奴が勝ってゆく、

本人は知らないで。

値段の部分で勝った国が、正しいとされているが、

これはもう間違いであると各国が気付かねばならない。

日本の政治は日本向けでないが為に、政治は実におかしい。

昭和六十三年十二月八日

物事を考える時、根本の所のみ考え抜け。
人間にとって最大の問題は「死」、
自分で話が出来る所まで考えろ。
（成川が聞く）

昭和六十三年十二月十三日

法律について

法律をきっちり守る　四十K制限

法律はそこそこに　四十Kから五十K

法律は気にしない　三十Kから七十五K

出来る、出来ないは別なんです。

道が開けるという予言ではないんです。

言うべき事を言っておけば、あとで必ず役に立つ。

この「大芝居」を見ながら、中にお入んなさい。
自分の仲間と論じあいなさい。
日本は、乱暴がきくという事をご存じない。
戦後の荒れた世の中を見ていると、思い切った事ができる。
度胸がないと明日の事が分からない。
分からないままでやる度胸をおつけなさい。
目先の小さい事で分かる事をおやんなさい。
それを続けていれば、道は開ける。
理想がはっきり見える人なら、
道筋が分からなくても良いのよ。

平成元年三月十六日

「経済成長」必要だったが、今や経済だけでなく、
社会・環境等々、全体との調和が必要な所まで来ている。
経済の成長は、他の良いことについてくる。

(成川が聞く)

平成元年四月十一日

神を超絶したものと考えない。

（成川が聞く）

修業しなければ、もの　はわからない。

（成川が聞く）

平成元年五月九日

人間とは何でも無駄に扱っていると、
本物にはなれない。
物事を無駄にする事ばかりしていると、
心が荒んでくる。
この事はよく覚えておくといいですよ。

日本の改造は、何となくどことなくいくんですよ。
仏教的無我の境地です。
誰かが音頭をとっていっては駄目ですよ。
何となくいくのが良い。

どうすれば固定相場（百五十円が妥当）ができるか？
すごく、これは簡単な事ですよ。
分かりましたか？
分からなくても良いんです。
あれだけ説明しても分からないなんて、嫌になっちゃうね。
でも、それでも良いんですよ。
自分は、あれだけ熱心に説明されても分からなかった。
「俺は駄目なんだ」と思って帰れば良いんで、
自己反省できれば良いんですよ。
これからは、作っただけ使えば良いんですよ。

平成元年五月十日

ものの見方、
判断の仕方、
イマジネーションが世の中の人は足りない。
真剣勝負でやらねばならないので、
長い眼で観て、 想像し、
判断すべきです。

平成元年七月十三日

事務所移転の御案内

いつも小社の図書を御愛読頂き有り難うございます。
今般左の通り事務所を移転しました。

移転先

〒167－0052 東京都杉並区南荻窪一－二五－三

電話 〇三－三三三三－六二四七
FAX 〇三－三二四七－四一三四
振替 〇〇一九〇－七－五八六三四

最寄駅 JR中央線 荻窪駅
荻窪駅南口より関東バス 荻51 53 58

メールアドレス：info@meitokushuppan.co.jp

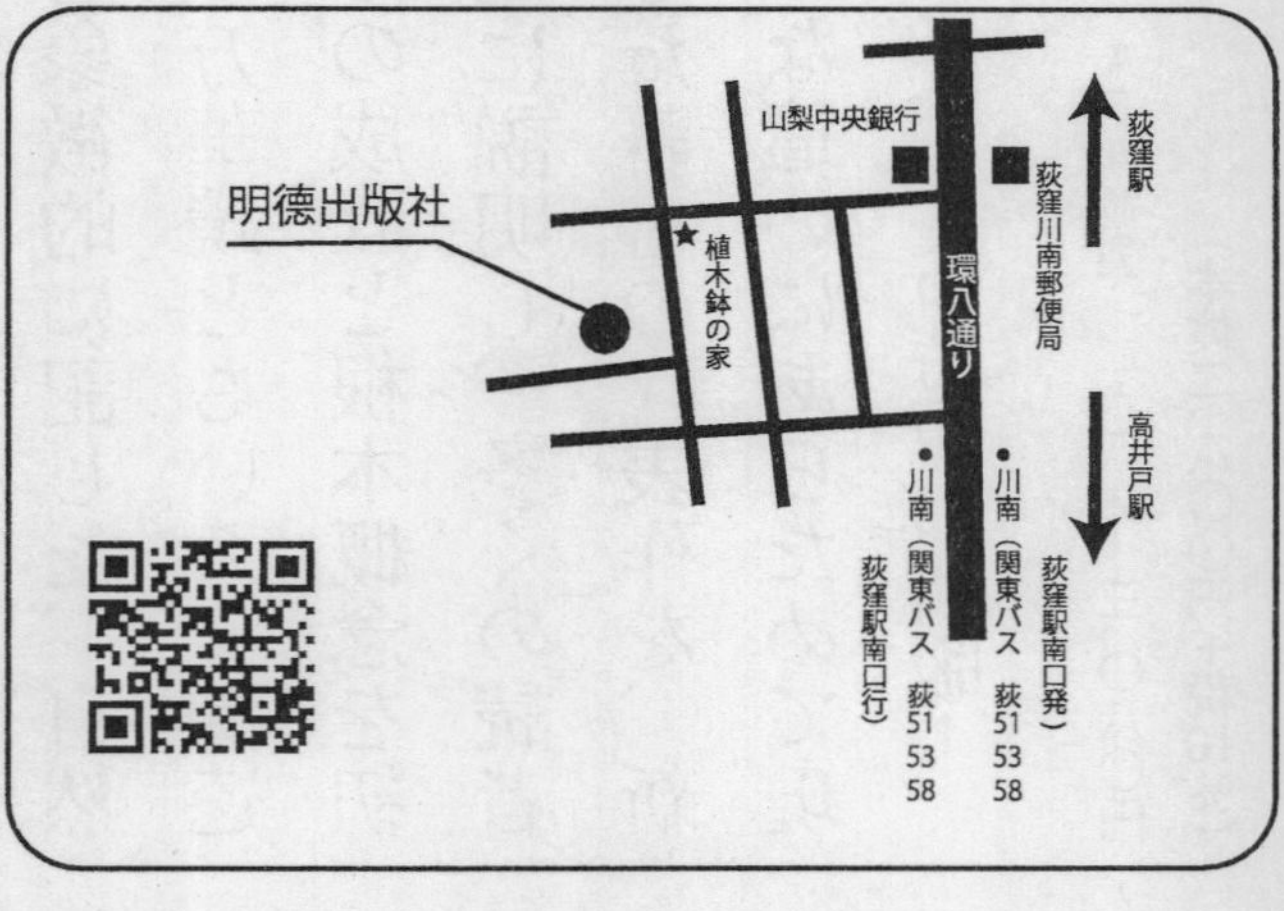

ヨーロッパの商習慣は、
マンツーマン方式で成り立っている。
言い換えれば、
誰が作ったか分からない品物など買えるものか。

平成二年二月八日

近代世界文明の中で、
科学技術文明がゆきづまっているのが、
現代の世界のメカニズムの大きな区切り。
物量が多ければ良い？
競争に勝てば良い？
例えば、美を美として感ずる能力も、
人間の中から失われてきている。
ここで、スッーと人間が気がつけば、
つまり、人を虐げて自分が良くなるという考えではなく、
皆一緒に良くなろうという考えになるが良い。
日本人は日本人らしくなるが良い。

そこで、スッーと気がつく国民は日本である。
説得ではなく、独り言で分かるが良い。
ＹＥＳ・ＮＯで割り切ってはいけない。
追い詰めては駄目だ。
優秀な奴が、まあまあでゆけば、
回りと喧嘩しないで済む。
これが、日本のとる道であろう。
ＹＥＳ・ＢＵＴの文明と考えても良い。

平成二年三月八日

情報は、コンピュータでは得られない。
face to face 以外は無い。

今回は共産主義の壊滅という事です。
もし、これでゴルバチョフが失脚しないとおかしい、
と思わなければいけない。
ポイントをそこに置いて考えればバン、と結論が見える。

世界観

あらゆる問題に対して答えを出してゆくから、
分からないという答えを出すのも良いんですよ。

これからのアメリカ、ヨーロッパを考えるのに、
キリスト教を見なければいけない。
私は仏教徒の立場で、
キリスト教に何か寄与できればと思っています。

「人間は話せば分かる」などという事は大うそ。

今迄、自分の満足の為に書いている。
分からなくてもいいと思っている。
説明は本当に分かる様にするというのが本当です。

平成二年七月十二日

心ならずも、こうなってしまった。

模写は毎日一時間、四日間で描いた。

世界経済は、私に黙っていろんな事をやる。

平成二年七月二十四日から三十日　二人展

考える上において、必要な知識とは何か？

現状の把握

主体者

歴史的事実

判断する根拠となるもの

人を変えれば何とかなるという考えは、もう昔の考えである。

平成二年九月十三日

ヒットラーの頃のドイツは、
市内に塵ひとつないと言うくらいでしたよ。
中でみていたドイツは、
英米人が言っているものとはまるで違っていた。

低級な事を知らないのに、
高級な事を聞いてはいけない。
知ったかぶりしてはいけない。
日本人に知識人はないですよ。

ソビエトとは何か？
寄り合いと言う意味である。
四月にはゴルバチョフは来ませんよ。
もうその頃は失脚しているから。

他人の国を攻めて、
自分の支配下に入れようとする国は、
もういないんですよ。

平成二年十月十一日

これからの時代は、民族の移動、ＥＣ諸国、北鮮から韓国へ、
東ドイツから西ドイツへが世界的規模で始まる。
日本でみると、大企業は都市から離れていかないと、
生き延びられない。
地方に人口が移動し、都市は治安も悪化するばかり。

大気汚染と同じ状態が、人間の頭の中におきている。
全ての人間は決断力がなくなっている。
その原因は、情報過剰である。
従って、今一番必要な学問は、情報処理学であると思っている。

今は無駄をいっぱいしている。
石油も半分で暮らせと言われれば、
そうできない筈はないのに、
今、人間は頭が悪くなっているから、
それが分からないでいる。

災いもそれも面白いやと思えるのが日本人なので、
私は、大変だという事は予想するが心配はしない。

平成二年十一月八日

大嘗祭について・・・・。　正味四十分ぐらいで歩いた。

江戸城の規模の何と大きい事か。彼らは皆歩いているんですね。

どういう考えかね。

人間の心の規模を考える必要がある。

僕の言葉で言うと、人間らしくなくなっているんです。

今迄は言葉では知っていたが、今回始め要点中の要点は、

陛下御自身が神主だという事です。

だから、日本は誰が何と言ったって、日本は神道の国です。

神道が宗教ならば、憲法を直さなければならない。

これがなくなったら日本でないんです。

実に今回は実感をもって受けとめられました。

勝と西郷の江戸城空け渡しというものが、決断力というものです。

人間というものは、根本条件が変われば、幾らでも変わるものです。

アメリカ経済は一時は良くなる。

しかし、あとを考えると世界は難局になる。

これは、近代ヨーロッパ文明の終わりの姿であると私は思っている。

平成二年十二月十三日

アメリカは、これから偉い勢いで転落します。
びっくりする程です。
近代ヨーロッパの文明は、約五百年のものです。
具体的にこれを考えたのは、二年程前です。
寄付を戴いて研究を始めました。
アメリカは急ピッチで落ちてゆくね。
終末というのは、あと十年だね。
文明の終末という視点から見て、
アメリカは主要関心事である。
どうぞ、その見地でものを考えて下さい。
私の言論の基調になるのはここですからね。

成功すると思うからやる、という考え方は普通の考え方。
だから駄目な考え方です。

（体調の質問）
あらゆるものは、心の中にあるんだからね。
その心は、貴方の上等な心ですからね。
だから、体調がどうかと聞くのは、自然科学的で駄目なんですよ。
現在の考え方はすごく良いから、体調もすこぶる良いんですよ。
あと十年くらい生きてみたいね。

平成四年二月十三日

私のようにものを見てくれば分かるが、
皆さんのように考えれば、
こんな事を言った人は、今迄日本国にいない。
新聞だって分からない事を分かったように書いているでしょう。
変なんです、と分からない事をはっきり書くようになれば、
日本は飛躍的に良くなる。

現代の悪い事は、何でもお金に換算してものを考えるところです。
お金というものは、
他の良きものを手に入れる手段としての価値しか持っていない。

私が利口になったのは、それはモンペルランです。
次にチャーンです。
その頃、私は何と、ものを知らなかったことか！
モンペルランに入ってからは、毎年ヨーロッパに行って、
帰りにアメリカに行ってチャーンに会った。
私は実に彼から、多くの事を学んだ。

今日は良い話を聞いても、自分で結論を出さなければ駄目。
分からないと言う結論が出れば、それでも立派な結論。

今、世の中で一番悪い事は、政府の無策という事です。

私はどんな事にも全力投球するんです。
こういう考え方がいいんです。
だから、この頃私は元気になったし、
今迄より沢山仕事もしている。
そうならないと、安心感を得られないでしょう。
「美」それ自体がいいから、求めるんです。
他の事に影響するから、良いんではなく、
それ自体が良いから良いんです。

株の値段は、物価ではないんです。
需要、供給で決まるんではないんです。
物価理論を考えれば良いんです。
これは、少し考えていると出てくるんです。

私が直観で、これは良いんだと思ってやってゆくから良いんです。
自分が信念を持ってやるからこうなるんです。
自分で責任を持たない人は、自分で考えないで、
人の言う事を聞いてやってゆこうとするから良くないんです。

平成四年四月九日

私は、キリスト教のことを気にして、色々書いている。
神道は変わらないと思う。
しかし、皆さんは神道をすごく気にするようになると思う。
神道も一種の神道教だと思う。
キリスト教から入っても、神道から入っても、皆一緒になる。
世の中は、全部心の表現なんです。

人の言った事を覚えているだけでは、
仕様がない。駄目ですよ。
自分で考えなければ駄目ですよ。

自分の判断、自分の仮設をたてて、
世の中の事を考えてごらんなさい。
どっちに転ぶか知らないけれど、
「こうすれば良い。」という案を、
ひとつ出してごらんなさい。

何故、起こったかが分からない人には、
どうすれば良いかが分かる筈がない。
何故、皆平気でいられるのか？　というと、
自分の分担を決めているからです。

総合的見地で考えている奴がいない。

私は、総合的に考えている珍しい人ですから、

学問が人間の心を持ったものになれば良いんです。

総合的態度が必要です。

今の人は「そこは私の専門外だから分からない」という態度です。

これが駄目なんです。

貸すという事は、自分に余裕があるから貸したんで、
自分の気持ちが良くなったんです。
返ってこないと言う事は、
自分の気分が良くなくなったというだけです。

日本人というのは、存外悟りが早いからね。
総合的にものを考えているとね、総合的直観力ができてくるんです。
私の言う事を聞いていると、決断を強いられていると思うでしょう。
決断を回避するためにあれはどうですか、これはどうですか、
というのは、決断を回避する為に言っているだけなんです。

自分の意見を決める。人間の心とは、そういうものです。
実践として知ってるから言えるんです。
学問ではありません。
皆さんはね、考えたければ考えて下さい。
それはね、皆さん、
決断するのだから考えるんでしょ。

あっちも、こっちも考えて全部良いという事はいいんです。
しかし、全部確かめる事はできないんです。
全部できなくとも、やってみちゃえというのが、私の考えです。

何でも話して良いのが、言論の自由ですかね。
あからさまに何でも書くのが言論の自由ではない。
何でもかんでも話してしまってはいけません。
ある一点から見たら悪い。
しかし、別の面から見たら秩序はまるで保てない。
良いとは申しませんがね。
あれあるが故に問題がおきないのです。
これが悪ければ、神様が悪いと言える。

女はピル、男はコンドーム。

この一言だけでも、本当につかまえれば、

今の文明は本当に分かります。

文明の末路です。

こうなると、これからの問題は、

男女とも性行為がつまらなくなる。

これが最高のペナルティです。

良いチャンスで、仏教・神道・キリスト教を知りました。

私は自分では、一種の解決に来ています。

アメリカは、大変な勢いで転落してるんです。
しかし、それはまったく新聞に載らない。
載らないだけで、本当はどんどん悪くなっています。
経済学だけではない。
精神的な問題が本当は問題なんです。
みんな人のせいにしている。

韓国は、日本の責任をあげつらっている限り、
絶対に良くならない。

中国

共産主義をきれいに捨てるまでは駄目。

台湾流の経済になってゆくんでしょう。

中国は偉い国だからね。

あれが良くなってくれなければ、日本も良くならない。

経済は、みんな仲良くすれば良いんです。

経済発展はなにもしなくとも良いんですからね。

経済発展は、どうでも良いと言うのが悟りです。
こうしてゆくと問題はない。
今よりもっと経済発展しなければならないと言う考え方は駄目です。
こういう考えでゆくと、四方八方何も問題はない。

平成四年四月十四日

ものを要領良く書くと、人は素通りして読んでしまう。

株は、骨董品と同じで、
持っていると嬉しいから持っているんですよ。

アメリカは、金持ちが大統領になったって駄目です。
つまり思想がなけりゃ駄目です。
今のアメリカを救う思想が生まれてきたかどうかが問題なんです。

今の経済学は、落第である。
落第の由縁は、数字に片寄っているからである。
思想がなくなって、数字ばかりになったから駄目。

余計な事を書くのはいけない。
知っている事を皆書こうとするから、
何を言いたいのかが分からなくなってしまうんです。
大事な事だけ、つまみ出すのが芸というものです。
論文は、どんなものが良い論文かい？
読んで気持ちが良くなきゃだめよ。

読んで気持ちが良くなる事が評価ですよ。

人間と言うのはね、経済だけ良くても、満足できますか？
人間とはね、国民はね、経済が良い事はある程度必要ですか？
人間はね、あくまでも精神的存在だから、
全体的に良くならないと駄目。
経済だけ良くなったんじゃ駄目。
これは、生活体験の問題であり、
人生観の問題です。

終戦の時、私なんてね、四十七才、
本当に私はものを知らなかったね。

近代ヨーロッパ文明の研究は、自分が満足するところまでやろう、
というのがそうです。
キリスト教は、キリスト以前は良かったが、
パウロがキリスト教を作ってしまってから悪くなった。

私が書くのは、分かったからじゃないんですよ。
分かったから書こうなんてやると書く前に死んじゃいますよ。
分からないから……。どう分からないかを書けば良いんですよ。

ソ連が駄目。
アメリカも駄目。
あちこち駄目だから、
リーダーシップをとれる国が必要と思うのは駄目。
リーダーはこれからはいらない。
それぞれの国がそれぞれやってゆけば良い。

老人の体というのは、二晩続けて眠れないという日があると、
それで、くたばってしまう。
だから、二晩泊まりで出かけるのは、嫌で嫌で仕方がない。
うまく保っているからね。
見せかけの元気というのは、安全性を意味しない。

私は、死ぬのは嫌じゃないがね。
私が怖いのはね。
気が違う事です。
本当に真面目に考えてゆくとね。

俺はね、気が違ってゆくんじゃないかと思うのは怖いね。
断固として、気にしないでいられる精神。

私の肉体が駄目になってもね、
私が言っている事が駄目になるという事ではないんですよ。

平成四年五月十二日

どんどん楽になってごらん、楽になればなる程、どんどん堕落るから、
見ててごらんなさい。

異質性を考じたときは、その異質性をどんどん追求したかを
詰めないといけない。
同質性はあとでじっくり考えると良い。
日本の世界の中での異質性は言葉だね。
ドイツ語は、私は好きだね。
ドイツ語でなければ表現できないものがいっぱいある。

平成四年五月十四日

私の字は、旧仮名でなければいけない。
旧仮名でなければ私の気分は通じない。
と固く信じているんです。
どこも旧仮名をすぐ直してしまうので困る。

自分の尺度の基準は、嬉しくて、嬉しくてたまらないような
心持ちであれば間違いない。

ものを考えるとき、
自分の知識不足を嘆く心があると、その心で駄目になる。
自分のきまった型で考える訳だが、
この件は、私はあのところを知らないので、
はっきりとは言えないと、考えると駄目。

人間てえのは、紙一枚でももったいないと思って大事にすると良い。
紙一枚でも捨てていると心が荒んでくる。
問題はここなんです。

平成四年六月九日

ものは一人で考えては駄目ですよ。
お仲間と一緒に議論して下さい。

私が死んだ場合、何にも冥土に持ってゆけないから、
金銭的価値は余り大した事はないと知っている人なんです。

英語にすると分かったような気になるのは、悪い癖です。
日本には、日本の適当な物価体系があるんです。
今の風潮は、高いものを見つけて、それを悪いというのが良くない。

こういう経済理論が悪いんです。

だから、経済学は全面的に改めなければいけない。

自民党が悪いのは、社会党がいるからです。

社会党が駄目なので、その駄目なのを相手にしているから、

自民党は良くならないんです。

さかのぼってみると、

自民党の考え方・形態は、借り物なんです。

本当に悪いのは、大蔵省なんです。

回答は、明瞭でなければ本物ではない。
考え抜くと、簡単になってゆくもんです。

お金では、換算できないものが世の中にはあるんですよ。
人によって、価値はまるで違うの。

人間の心というものはね、悟るのはあっという間です。
悟ってすぐに行動に移るのは時間がかかる。
スマートな人は、あくる日から行動できる。

円高は良い事です。

国益です。

こんな当たり前の事が分からないのかと私は思う。

今の経済学は狂っているんだから、本当に分からないかもしれない、

と私は思っている。

日本人は優秀なんだから、働くのが好きなんですから、

頭がよいんですから……。

平成四年六月十一日

どうぞ、どうぞ、沢山のことを知らないでよいから、
ひとつのことを深く知って下さい。
深く知るということは「考える」ということです。
徹底的に根元から考えるようにすればいいんです。

我々には、何の為に生きているんだ？
と言うことをしょっちゅう考えなければいけない。
今、何をしているんだ？
と言うこともです。

学問上で、今の不況を「複合不況」と名前をつけたりしています。
ものは、素人流で考えたり、言ったりするのが良いんです。
なまじ名前をつけると、その学問や、周辺の事柄を
みんな知らないといけなくなります。
「変な不況だね」という表現でいいんです。

彌太郎さんは、自分は良いんですよ。
残された方はかなわないやね。
息子の久彌さんは金の番人にさせられてね。
かわいそうだね。

余計な事は覚えなくて良いんですよ。
余計な事を詰め込んでも、
大事なことは分からないですよ。

ものは「はっと」分かるのが本当のものです。
分かってから、どうして分かったのかをゆっくりと考えて、
人に説明する為に分析することは必要でしょう。
理屈を積み上げていくことで分かるものではありません。
これは心理学ではないやね。
哲学論だね。

ものごとは、複雑に考えちゃ駄目ですよ。
あっさりと考えるが良い。
疲れるし、困っちゃうからね。
はっきり分からないことで、世の中は動いているんですよ。
だから、はっきり分かろうとしないで、
そういう態度がいいんです。

理詰めでなければ、
理屈で納得しなければ、
行動しないというのは駄目ですよ。

新しい文明は日本である。
日本の特異性は、日本語を説明することで分かる。
説明できる。
簡単明瞭なる音声を持った言葉。
子音を重ねない。
何故、日本人はカタカナと平仮名を作りだしたのかね。

貿易は自由貿易であってはならないんだ。
国はそれぞれ国毎の個性を発揮するが良い。
各国すべての国がひとつの経済になってしまってはいけない。

程々がよい。

人生ってのは、分からないから良いんですよ。
分からないから楽しいんですよ。
世の中は理屈でだって訳ないんですよ。
誰でも、生まれる前はどうしていたの？
どこから生まれてたの？
どうやって生まれたのか？
又、死んだらどうなるの？
つまり、前世、後世あるかないかということですよ。

あると思っていれば楽しいでしょう。
分からないことばかりなんだから、
理屈でガチガチにならないで、
肩の力を抜いてゆきましょう。
私は、理屈ばかりで来る人がいると、ドンドン叩きたくなるね。

自分と同じスタイル、思考様式で、他の人も他の国の人も、
動くと決めてかかるのは、良くないと考えて下さい。
世の中はそれぞれ違うんです。

世の中は説明できない不思議なことの連続なんですよ。
だから、自分の知っている小さな理屈で、
説明できると思っちゃうのは、駄目ですよ。

俺は、馬鹿だと思ってものを考えなさい。
これは仏教哲理です。
利口だと思ったら、馬鹿になりますよ。
知っていることなんて、少しだけなんですよ。

平成四年七月十四日

クリントンでアメリカが良くなるものかね。
このことで、私は議論するつもりはないんです。
何か言われたら、そうですかね、と言っておけば良いんです。

この年で働いている私は、貴重な存在なので、
医者はデーターをとりたいだろう。
だから、私は医者に行きたくない。
もともと薬は飲まない。
所謂、近代医学を受け付けないのです。

何か「これだ！」というポイントを感じたら、
細々と中味を突っ込んでも駄目。
もっと大づかみにとらえるようにしないと駄目です。

細かい事を知る必要はない。
大事な事は、何かという事の根本を捕まえさえすれば良い。
細かい事は、必要が出ればそれから知識を集めれば良い。
細かい事を知るのが、ものの分かることだと思うのはいけない。

お金が儲かるとか、自分が得するとか、
低次元の動機で動いていると問題だ。
動機が良くて、自分の気持ちがすっきりしていれば、先ず良い。

総合的判断というのは、気分のようなもんです。
証拠がなければ信用できないという人は、
ヨーロッパの悪弊に染まった人で、
私の答はそんな馬鹿な事をいうもんじゃない。

政治改革ができれば良いなと思える人は良い人で、
理屈を振り回さなければその意味が分からない人は、
良くない人です。

今の不況は、とても良いと思う。
何故なら、真面目な生き方に日本人が立ち戻る良いチャンスです。
今の世の中で、不況は悪くないと思っている人はかなり多い。

経済とは、人間の行為です。
人間の心です。
数字だけで説明しようとするのは駄目です。
心を取り入れた経済学でなければいけません。

論文というものは、最初の一ページ書ければ、
もう出来たようなもんです。

援助というのは、悪い事なんですよ。
援助の本質は、侮辱なんですよ。
人からもらって生きてゆくのは、良くない。
自分で働く事で、良くなる事が尊いのです。
従って、政治家が他国への援助を言うのは、
哲学的に貧困だからです。

生活大国とは、飯を沢山喰うという事でしょう。

物事の根本を考える事を哲学と言います。

仏教とは、知恵の教えなんです。

今、世界中に宗教戦争が起こりつつある。

一神教は、根本的な欠陥がある。

孔子曰く「夫子の道は忠恕のみ」

これは素晴らしい言葉です。

平成四年十一月十日

中国は、あと三年で共産主義はやめる事となるだろう。
過去は、天の命と言う事で、皇帝が存在した。
今は、共産主義という理念を戴いているので、
共産主義と言っているだけ。
実態は、資本主義なのだから、この様な頭が共産で、
身体が資本主義などという物が長続きする道理はない。
従って、駄目になると言える。
不道徳な事をやっていれば、必ず最後は駄目になる。

平成四年十一月十二日

知識は、多き事を望まず。

幾ら聞いても、いつも物足りないと思って、その次、その次と

聞きたがるから良くない。

どこかで判断して、行動しないと駄目。

不況は不況を作る。皆が心配して、色々良くない事をやれば、

更に悪くなる。

国民が普通にやってゆけば、良いんです。

今の不況は、大蔵省が作った不況です。

哲学「物事を、根底から考えること」と定義する。

又、物事は常識で進めてゆくのが良い。

仏教的考え方・・・・物事は、本当に分からないんだと言うところが、

出発点。全て疑う。

儒教的考え方・・・・分かる筈のないところには手を付けない。

夫子の道は忠恕のみ

道教的考え方・・・・仏教に迫る考え方。

西欧流考え方・・・・拠点(拠点とは、崩すことのできないもの)を求めて、

そこから積み上げてゆく考え方。

神道的考え方・・・・良く表現できないので、今は言えない。

そのうち言います。

車の心棒というのは、穴があいているから役に立つ。
あるのが良いのではなく、ない物の方が役に立つことあり。

東洋人の物のとらえ方は、漠とした考え方がいいんで、
きちんと整理して割り切るのは駄目。

日本人の思考様式は、欧米とはまるで違う。
文字はおろか、食べ物から何からみんな違うんですから……。
従って、日本の経済学は日本にあてはまるが、
外国にはあてはまらないと、
考えなければいけない。
それぞれ、国ごとに別々の経済学が必要になる。

私を喜ばした最近のニュースは、日本に石器があったということです。
一万六千年前に、日本人が日本大八洲に住み着いていたんです。

世界のうちで、一番こんなに良いところはない。
鎖国が出来るような国に住んでいることは、
素晴らしいと考えて下さい。

平成四年十二月八日

ものの考え方。

個々の知識の寄せ集め、という頭から早く脱却して欲しい。

自分で考え方の筋道を作り、それに必要な知識を入れるというスタイルにして下さい。

今の近代文明の終わりは、あと八年。

今世紀が終わる頃には、世界のもう常識になっているものと思う。

これからは、各国とも国際性をシャットアウトしないといけない。

自分の食べるものを作るしかない国に対して。
安い食べ物を提供してはその国が困るし、
滅びると考えないといけない。

自由貿易とは、一番優秀な国が得をする仕組みなので、
イギリスが一番の時はイギリス、アメリカの時はアメリカ。
日本の時代になるということになります。
従って、自由貿易体制というシステムに疑問を持って戴きます。
結論として、各国とも、その国だけに通用する経済学が根付くと
考えるべきです。

日本は孤立しても仕様がないと思って下さい。
日本に原爆が落ちたら、日本はなくなってしまいます。
日本がなくなっても、良いじゃないですか。
この世は仮のもんでね。
こういうふうに考えないといけないね。
これを総合的立場と言います。

物事は、簡単に考えるのがいいんです。
長く話すんじゃなく、簡単に短く話すのがいいんです。
難しく考えちゃいけませんよ。

平成四年十二月十日

昔、吉田茂さんが辞を低くして「政治家にならないか」と言われたが、ならないで良かったとも思う。
ならなかった理由は、家内が政治に向かない人であるからで、もしなったら家内を殺すようなものだから……。

予言的中録を書こうと思っています。
何故予言は当たるか？
という哲学を書くか、正しい立場に立っていると必ず当たるもんなのです。
これは一つの学問です。

人生を楽しくする為には、さっさと歯切れ良く、断定するが良い。
なるほどそうかと、人が皆思えば、株価もバッーと上がる。
日本は根本から見直す必要があるからね。

平成五年二月十八日

論議は大づかみが良い。

末節は必要な時にやれば良い。

いつも末節は知らないが良い。


今の政治の仕組みは、自己主張をして譲らない人達に結論を出せるためのものであり、日本は自分の国民性にあわない政治システムを百二十年程続けてきた訳だ。

それがやっと変わる時期にきたと思うと良い。

日本の政治っていうのは、変てこなものだと言える。

よく今迄、もってきたもんだと思う。

日本のことを考える時は、
日本民族が民族としてできあがった、
ということを、歴史で考えると良い。
縄文時代を意識すべきである。

日本が資源小国というのは大嘘。
海が資源中の資源です。
たまたま今の時代の石油がないというだけ。

貧乏性の人が、あくせく働くのは駄目。

大して努力もしないで、今必要な金があればそれで充分です。

私のように、金持ちで育った人間は、物欲が既に少ない。

土地は、個人なら自分が住んでいる所は、四百坪がベター。

私ん所は百六十坪で小さいけれど、庭もあるし、鳥も飛んでくる。

税制上はこれは所有でよい。

軽井沢は所有でなくとも良い。

土地は、持って欲しい人が持てるような、土地税制になるが良い。
土地がＵＰしないと景気が良くならないと、考えるのは間違いと思え。

不況は九十二年の春からですよ。
九十・九十一年は単にバブルが弾けただけです。

世の中の人は、数字をむやみに使うのは、頭が良くないと、
思わないのがいけない。
数字を使わないと、馬鹿だと思うのが駄目。

この世の中は仮の姿なんだから、仮の姿の世の中がなくなっても、
一向に困らない。
仏教哲理を悟れば、ちっとも困らない。
こういう心境におなりなさい。
いつ日本の国がなくなっても、それは良かろう
という気持ちにならないと、大事なことは考えられませんね。
物欲にこだわっている間は、大事なことは分からない。

物事は、複雑に難しくしないこと。大衆が、これが分からないのは、
自分が馬鹿ではないかと思ってしまう事が、良くない。

私はこう思いますよと言って、横を向いているが良い。
日本のとるべき対米態度。

日本語の不思議さ。日本語の中に外国語を入れても、
日本語を変える事はできない。
これが、外国語に日本語を入れようとすると、入らない。
言葉の不思議さ。

平成五年三月九日

日本人は、議論しないでやってきている民族ですから、
議会制民主主義というこの仕組みは、日本人にあわないんです。

日本に野党があるかというと、日本には野党はないんです。
野党は思想を生産していないんですから。
誰を叱る訳でもない。
日本に言論機関はないんです。
今の新聞は全部政府迎合です。
今の日本は、野党も新聞もあることにしているだけです。

生活大国は良くない。
生活本位の国なら良い。
今の経済は、今の経済学では説明できない。
だから、経済学が間違っている。
どうです。
不況はなくなったでしょう。
心の中で！

平成五年三月十八日

円高は辛いんです。

これに耐えたのが、一九八六年の日本の経験です。

だから、一九八七年は絶好調なんですよ。

一九八七年の三月頃に絶好調という言葉が生まれたんです。

これをよく覚えておいて下さい。

日本人は、働くのは好きなんです。

ヨーロッパは一種の懲罰。

日本は、外のものを平気で、取り入れる国民なんです。
それを自分の物のような顔をして、使っているんです。
その代表的なことは、漢字を使ったことです。
今は三つの仮名を使っていますね。
平仮名、カタカナ、アルファベットです。
NHKなんか、もう立派な日本語でしょう。
漢字が特殊で、世界にも珍しい言語です。
日本人の異質性をよく日本人が理解しないといけない。
異質だから、日本人は優秀なんです。

日本の語彙　ボキャブラリィ　は世界で一番多い。
何故なら、その言語をそのまま仮名で使えば日本語になります。
総合的考えをしないと、経済は分かりませんよと、
私は言っているんです。

平成五年四月八日

資本主義って、封建主義にかわったものです。
私の特徴は、こういうものを一言で表すんですね。

私の簡便法を御伝達致しましょう。
本を書く時、これは何ページにしたいとか、
ここには写真を入れようとか考えるのが、大好きなんです。
いわゆる設計ですね。
世界の歴史も、この様に考えると手軽に持ち運べる様な気分になりますね。
常識を整理してゆくのが、学問なんだから、

常識を使わない学問は、嫌だね。

最近、私が気がついたことです。

経済というのは「売った、買った」の世界でしょう。

商売が成立するのは、買い手の決意でしょう。

売り手が出来ることは、商売成立させない事だけです。

これは、経済上の大発見ですよ。

アメリカは、今借金して日本から買っているんで赤字になっている。
貿易収支を良くするには、アメリカが買わなければいいんです。
日本が市場を開放しようがどうしようが関係ない。

何故、金もないのに、買うんですか？
こういう基本的な事を、はっきりつかまえていないと、
世の中の動きは分かりませんよ。
物事は、数字の積み重ねではなく、当事者の意志決定ですよ。
値段というものは、買った人の値段が値段です。

ミクロを集計し、寄せ集めると、マクロになるかというと、
マクロにならない。
私思うに、マクロとは、直観判断で言えると思う。

セックスなんてのは、男性の性道徳という問題です。

見ててごらんなさい。
性行為そのものがつまらない、
無意味なものにどんどんなってゆくから・・・・。

どうして、アメリカに同性愛が増えているのか？
この性道徳の乱れというのは、アメリカなどの問題よりも、
もっと重要な問題です。

生きてゆく上で、人間としてものを考えなければならない。
その為には、専門は持たなければいけないが、専門は卒業しないと
いけない。
ものをちゃんと考えるためには、専門をもってはいけない。
総合の立場に立たないと駄目。

カンボジアのことはカンボジアに任せればいいんです。
それに、国連というのは、実に変なものです。
その変なことに気がつかないとね。

性道徳の退廃によって、世界が世界的に乱れると思って下さい。

核について、
これは、破壊のものであって、建設のものではない。
国連でも、アメリカでもよいが、核保有国を攻撃して、核を廃棄させてしまえばよい。
そこで、ただ一国だけの核保有国があってよい。
そうなると核をお使いになる訳がない。

日本の多神教は、生まれ直しをしないといけない。
日本の国土というのは、実に良い国ですよ。
大八洲の国ですよ。
日本の国が始まったのは縄文時代です。
始めの分からない国です。
何万年前かもしれない。

こんな国は他にないですよ。

あなた方は、縄文時代という認識がないから、日本はとんでもない国だという事が分からないんですよ。

日本語なんて、本当に神秘的な言葉ですよ。

どうして、漢字やカナや平仮名やアルファベットを使って、平気でいられるんですか？　大変な言葉ですよ。

ここで、じわーっと発達しているんです。

外国語を自由に取り入れる言葉なんて、日本語くらいですよ。

実におおらかですね。

旧仮名を使ってごらんなさい。
言葉に風格が出てくるから・・・・。
面倒くさくみられるのは、
本当はとても良い事なんですよ。

平成五年五月十一日

決して、ものを人に聞いちゃ駄目よ。

自分で考えて考えて二日も、三日も考えて、

どうにも分からないと思っている時に、ボッと人から聞いて、

そうか！　と思った時に、・・・・。

簡単に人にものを聞いちゃ駄目ですよ。

たとえばね、アメリカについて、三分間でよいから、

本当に真剣に考えてごらん。

普通の人は、三十秒位も考えると、すぐ別の事を考えてしまうね。

アメリカが、国際的に破産するという事は、日本をはじめとした他の国が、「もうこれ以上お金をアメリカに貸しません。又、これ以上ものを売るのはやめました。」という状態になった時です。

つまり、アメリカからお金を返してもらうのを諦めた時、アメリカの破産が決定します。

アメリカの破産は、日本が取立不能になったと考えた時である。

このままでは、実のある物を売っても、空の不良債権が増えるだけだ。

どうして、アメリカが駄目になったかというと、
ものの考え方が狂い始めたからです。
もっとはっきり言うと、
国家の目標理想がはっきりしなくなったからです。

明治維新以来、日本は日本らしい日本でなくなっているんで、
日本らしい日本にこれからは戻ればいいです。

今の日本には、野党は本当は無いんですよ。

無いにもかかわらず、有るかの様に思っていたから悪いんです。
国民は勘では分かっていたんですよ。
だから、政治で本当に悪いのは社会党なんです。
自民党は何をやっても政権はなくならないと思うから、
堕落したんです。
私は、こんなところを考えるのが背後にあるんです。
私は、世の中不思議なことがあったら、分かるまで考えるんです。
それで分かるまで、黙っていればいいんです。
私は、分かったと思うから話すんです。
平成維新の会は駄目。
自分の知恵だけで考えたもので、作っただけだから駄目。

日本らしい日本を考えると、
いつも日本は不思議な国だといっていることを、
思い起こして下さい。
日本国の発祥から考えて下さい。
何万年もからですよ。
縄文時代です。
北京原人に匹敵する日本の原人がいたらしいんですね。
今知りたい事は、
何時頃、朝鮮半島と日本列島は分かれたかと言う事です。
又、日本語の不思議性に注目して下さい。
日本人は知らず知らずのうちに、自他融合の境地にあるんで、それを最も表しているのが、日本語なんです。
今世紀中に全世界の人には、
近代ヨーロッパ文明は終わりと気がつきます。

平成五年六月八日

今、生きていることが本当かどうか分からないんですよ。

人間の姿勢には、……。悪いのは椅子に座ることです。
私は、椅子に座る時は、胡座をかいているんです。

考えても仕方がないことは、考えるな。
考えても良い事、必要な事だけ考えるが良い。
禅坊主は偉い。
肝心なことを一言で言うのが偉い。

他の事は一言も言わない。

理屈というものの限界を超える

ヨーロッパ文明の限界などもこれです。

講演のようにどんな基盤に立っているか分からないままで、

一方的に話を聞かされているだけでは駄目です。

これは、大哲学なんです。

理屈ですべて割りきることはできないんです。

インド文明は、非常に宗教的な文明です。
インド人は頭が良くて、宗教的な瞑想が凄い。
バラモン教で、思想統一されたんですが、それで出来たのが仏教です。

仏教は、お釈迦様の悟りが中心というのは、本当は違うんです。
インスピレーションは、お釈迦様によって与えられたんですが、
その後のインド人の瞑想で、
何となく仏教が出来あがってきたんです。

日本の大特徴は、漢字によって支那文明とインド文明を覚えたんです。
明治以降は、ヨーロッパ文明を取り入れたんです。
私なんかまったく幸福です。
彼らの事を体験したんですから。

「日本とは、何と素晴らしい国かということ」について
複数の人で説明できるといいね。
日本は、自分で思っているよりはるかに偉いんだと思うといいんです。

日本人は過小評価しているんです。
雨がむやみに降って洪水がある。
このおかげで水利をやる。
これで鍛えられるんです。
日本は、定住して動かないんだから、
どうしても集団的になるんです。
だから、この大八洲という国は素晴らしいんです。
ドイツの森は、何と単調なことか。
日本の木は種類が多いんです。
日本の国土は実に豊かです。
天災があるのは、鍛えられるので良いことなんです。

私が密かに考えているのは、
キリストの考えたキリスト教になれば良いんです。
仏教からキリスト教をみれば、実に簡単ですよ。
今、私がやっているのは、マタイ伝です。
十二使徒というのは本当に駄目な奴らです。
マタイ伝五十ページを見れば、
キリストはみんな分かると私は思っています。

宗教というものは、信仰するものではないんです。
分かるものなんです。

仏教は、知の宗教です。
だから、仏教については、疑問を持っていていいんです。

どうして、隷書が楷書になったのか不思議で仕様がない。
この疑問が十年以上分からないでいる。
誰も教えてくれません。

楷書は素晴らしい。
鳥と烏はとっても似ている。

けれど、間違える奴はまずいない。

大と犬を間違える人もいない。

日本人の特徴なんですが、自他の区別を実に気にしない。

だから、負けてもあまり気にしない。

おおらかなんです。

言葉でみると、他国の言葉をおおらかに取り入れているんです。

日本は共存するんです。

ヨーロッパは征服するんです。
日本は殺し合いをしないからいいんです。
まるっきり二つの文明は違うんです。

インド人は、他の文明で押さえつけられて、
インド文明が滅びたんです。
これからは、日本文明がリードするんです。
ただ、これは悲しいんです。
決して嬉しくないんですよ。

世の中でね、変な事があったらとことん考えるんです。

対外債務、対外投資というものは、余分なもんなんです。
余分な（あまっている）ものがなくなったって、
ちっとも困らないんです。
ここをきちんとしないといけないのは、経済学の役目なんです。
経済学が簡単に教えてくれないのは、経済学が狂っているからです。

楽と嬉の違いは何でしょうかね。
楽が上等ですね。
嬉は子供っぽいやね。

平成五年六月十日

ものごとは大筋においてつかめばそれで良いのです。
そういう癖をつけて下さい。
頭の使い方のサンプルになると思うから、今日はわざわざ来たんです。

小さい事を詮索してゆくと、頭が悪くなってしまう。

不確実なニュースに対して、これ以上論ずる要なし。
新聞は、よくでたらめを書きますからね。
新聞は、そのまま信じては駄目。

有り難いことに、三十万年前のことです。

宮城県の高森遺跡ですがね、北京原人と同じ頃に原人がいて、それが日本人の祖であったということですね。

これは、夢にも思わなかった。

朝鮮半島がぶっきれたのは二万年前です。

日本海という海が、良い海になるんです。

日本という国が、それから良くなるんです。

これがきれたおかげで、日本という国は、安泰になるんです。

何ら、外からわずらわされずに、生きてきたのが日本なんです。

日本の稲作は三千五百年前です。
西欧の起源より一千五百年も前です。
（水田耕作）は協同一致これが日本国なんです。
明治以来、日本は貧弱な国であると、思ってきているがこれは嘘です。
とても豊かな国土と、安全な国だという事を、どうぞ分かって下さい。
ありとあらゆる事を比べてごらんなさい。
今の日本は、対米貿易をすっかりやめたって、
どうってことないでしょう。

人との競争というものを良く考えてごらんなさい。

貿易なんて、少しで良いんです。
まだ日本人は、アメリカと競争して負けたら大変だ、
と思っているんですか。
もう、これ以上勝つ必要はないでしょう。

本来の日本は、実におおらかなんですね。
日本の神話を少しは知らないといけません。
縄文の日本が、本来の日本です。
古事記をお読みなさい。
人間ってのは、本来こういうもんだ。

という考えが、明治以来ぐらついてしまったんで、
それが戻れば良いんです。
古事記を読んでごらんなさい。
自然に分かってきますよ。

対抗して、相手をやっつけるというのが、
ヨーロッパの文明なんです。
日本はね、大喧嘩しないやね。
出雲大社と諏訪神社も喧嘩でなく、国譲りの話です。

これから先は、日本は目立っても良いやね。

偉いんだから。

目立ってスイマセンねと言っていれば良いんです。

それぞれが、その国の個性で生きてゆけば良いんです。

私はそのことについて、考え抜いてしまったんです。

これからは、皆が個性的になれば良いんです。

それで　上がり　です。

例えば、日本の経済学は日本にしか通用しません。

そうなるのが、結局行き着く先になるんです。

これが、私の学問の行き着くところです。

私は、これを考え抜いてしまったんです。
だから、私が今言っていることは、すごく自信があるんです。

自分が良い思いをする時は、相手もちっとは、良い思いをしなけりゃ気持ちが悪い、というのが日本人です。

あと五年で、全世界の人は、近代ヨーロッパ文明が終わりということが、分かるんです。

平成五年七月十三日

死ぬ時は見事に死んでみせるから、見ててごらんなさい。

ひとつことだけではだめ、すべてが関連するのだ、
言葉は不便だ。
ひとつことしか話せない

（成川が聞く）

日付不詳

この三月は、生まれてからこんなに仕事をした事が無く、とても健康でした。それが四月になったら、突然悪くなりました。原因が分かりました。それは、私は痛風という病気を持っているんです。八十八才の時がひどくて、二ヶ月以上駄目でした。その時迄、車を運転していた。七十七才迄、スキーをやっていた。

家で死ぬと厄介だからね、病院で死ぬことにしています。只、生きていても仕様がない。腰掛ける姿勢はとても身体に悪いんで、僕は片足こうやって乗っけているんです。

普通の人が痛いと言っても、普通で無い人は、痛く無いんですよ。余った力を使って、色々やって、その結果が、零であっても痛くないんですよ。

平成五年六月八日

あとがき

木内信胤語録を発行させて戴いてから、二十二年が経過しました。当初、非売品として発行し、縁につながる方々にお分けしたあとは、一年に数冊限りですが、差し上げたいと思える方に贈呈して参りました。在庫もほとんどなくなりましたが、根強い木内信胤ファンから一冊分けて欲しいとの御要望が少しずつですが続いております。

一般財団法人中斎塾フォーラムの季刊誌「知足」で、木内信胤語録を十年間御紹介し続けていましたが、フォーラム創立十周年を記念して復刊したらどうかと云う声が大きくなって参りました。

そこで、木内信胤先生の御子息であり、当フォーラム顧問の木内孝様の御賛同を得て、明徳出版社の御協力のもと、出版する運びとなりました。

問題は、木内信胤先生の事を知っておられる方が大変少ないと云う事です。木内信胤語録は、人間がまっとうな人間として生きてゆく上での大事な言葉ばかりなので、読めば読むほど魅きつけられ、本氣で考えさせられる内容に満ちています。

今の時代は、内容が如何に素晴らしくとも、表紙のタイトル次第で売れたり売れなかったりする時代です。そこで、出版社の方々と相談したところ、帯に読者の眼を魅きつける言葉を入れるべきだとの提案に従い、工夫を凝らした次第です。

二十年以上も前にアメリカの転落を言明し、ベルリンの壁が崩壊する数ヶ月前に崩壊を予測された木内信胤先生の叡智に満ちた考え方を、是非とも世の中に御紹介したいと思っております。

心に深く突き刺さる言葉を本氣で味わって下さる方のお役に立ちたいと、心より願っております。

最後に、改めて序文をお寄せ戴いた木内孝様、三人会の成川正夫様、猪瀬貞雄様、㈱深澤事務所の佐藤昌子様、㈱明徳出版社様に感謝申し上げます。有難うございました。

平成二十八年十一月十一日

深澤賢治

記録兼編集人　略歴

三人会

成川　正夫　（なるかわ・ただお）

昭和6年2月8日生まれ
平成5年2月、満40年のサラリーマン（中外製薬）生活を終え、
現在「雙脚 等閑に伸ばす」「生(しやう)を愛すべし」の日々
現住所　神奈川県鎌倉市浄明寺2-1-5

猪瀬　貞雄　（いのせ・さだお）

昭和19年1月18日生まれ
現　在　イノセ宝石㈱代表
現住所　群馬県太田市本町45-10
考え方　人生は生きた年数ではない、思い出の数である。
（平常心）

深澤　賢治　（ふかざわ・けんじ）

昭和22年3月18日生まれ
現　在　一般財団法人 中斎塾フォーラム塾長
㈱シムックス名誉会長　群馬郵便逓送㈱会長
群馬郷学会会長
考え方　「知行合一」を大事にしています

木内信胤（きうち　のぶたね）

1899年(明治32年) 7月30日、父重四郎、母磯路の次男として東京市牛込区にて出生、東京高等師範学校附属小学校、中学校から、第一高等学校独法科を経て、1923年(大正12年)東京帝国大学法学部独法科を卒業し、横浜正金銀行に入り、東京、上海、南京、ハンブルグ、ロンドンに勤務、1945年(昭和20年)終戦と同時に、総務部長兼調査部長を最後に退職して大蔵省に入り、勅任参事官終戦連絡部長を務めた後、1952年(昭和27年) 7月の占領の終了まで、外国為替管理委員会委員長を務め、その後1955年(昭和30年)から今日まで38年間、財団法人世界経済調査会理事長の現職にあった。

この間、日本国有鉄道理事、外務省参与、国語審議会委員、臨時行政調査会第一専門部会長等を務め、また政治、経済、文化、社会、宗教、農業等極めて広範な分野に亘る経済評論家として活躍、歴代首相の経済指南役とも呼ばれた。

三菱財閥の創始者岩崎彌太郎の孫で、1970年(昭和45年)勲一等瑞宝章を授与されたほか、西ドイツ共和国、大韓民国、中華民国からも夫々名誉ある勲章を授与された。

木内信胤語録

平成二十九年一月十五日　発行

記録兼編集者　三人会

発行者　小林真智子

印刷所　㈱興学社

発行所　㈱明徳出版社

〒162―0801　東京都新宿区山吹町三五三

（本社・東京都杉並区南荻窪一―二五―三）

電話　〇三―三二六六―〇四〇一

振替　〇〇一九〇―七―五八六三四